BEI GRIN MACHT SICH IHR WISSEN BEZAHLT

Muhammed Buran

Analyse der Deutschen Politik hinsichtlich einer EU-Erweiterung um die Türkei

GRIN Verlag

Bibliografische Information der Deutschen Nationalbibliothek:

Die Deutsche Bibliothek verzeichnet diese Publikation in der Deutschen National-
bibliografie; detaillierte bibliografische Daten sind im Internet über http://dnb.d-
nb.de/ abrufbar.

Impressum:

Copyright © 2011 GRIN Verlag GmbH
Druck und Bindung: Books on Demand GmbH, Norderstedt Germany
ISBN: 978-3-656-42413-0

Dieses Buch bei GRIN:

http://www.grin.com/de/e-book/210687/analyse-der-deutschen-politik-hinsichtlich-
einer-eu-erweiterung-um-die

GRIN - Your knowledge has value

Der GRIN Verlag publiziert seit 1998 wissenschaftliche Arbeiten von Studenten, Hochschullehrern und anderen Akademikern als eBook und gedrucktes Buch. Die Verlagswebsite www.grin.com ist die ideale Plattform zur Veröffentlichung von Hausarbeiten, Abschlussarbeiten, wissenschaftlichen Aufsätzen, Dissertationen und Fachbüchern.

Besuchen Sie uns im Internet:

http://www.grin.com/

http://www.facebook.com/grincom

http://www.twitter.com/grin_com

Ernst-Moritz-Arndt-Gymnasium

Facharbeit

im Seminarfach

Thema der Arbeit: Die Türkei- Notwendiger Partner oder Islamischer Ballast?

Verfasser: Muhammed Buran

Seminarfach 26

Thema des Seminarfaches: Internationale Politik

Abgabetermin:

Inhaltsverzeichnis

1.Einleitung

In meiner folgenden Facharbeit werde ich mich mit dem Beitritt der Türkei in die Europäische Union befassen. Obwohl die Beitrittsverhandlungen in das Stocken geraten sind, interessierte mich das Thema dennoch. Zum einen, da noch immer politische Parteien mit der Frage der Vollmitgliedschaft der Türkei Wahlkampf betreiben und zum Anderen, da ich selbst deutscher Bürger mit türkischem Migrationshintergrund bin. Folglich orientierte ich mich an an folgende Leitfragen: Wieso ist die Türkei noch immer kein Mitglied? Spielt die Religion eine Rolle? Welche Position nimmt Deutschland als Land mit den meisten türkischen Migranten Europas ein? Welche Anstrengungen unternahm Ankara und was muss noch getan werden? In der vorgelegten Ausarbeitung beschäftige ich mich zunächst mit der Europäischen Union im Allgemeinen, die mit der Überschrift „Rechte und Pflichten" gekennzeichnet ist. In diesem Teil meiner Arbeit werde ich die Aufnahmekriterien, die für eine Vollmitgliedschaft notwendig sind erwähnen und die resultierenden Privilegien eines Beitritts ansprechen. Hierbei nehme ich Bezug zu der Türkei und komme erstmals zum Zypernkonflikt zu sprechen. Im Kapitel „Land und Leute" werde ich kurz die Staatsgründung erwähnen und die europäisch-türkischen Beziehungen näher betrachten. Ebenso werde ich die türkischen Reformen seit den Beitrittsverhandlungen elaborieren und die Themenfragen erörtern. Diese wären zum einen die Position Deutschlands zu einer EU-Erweiterung um die Türkei und die Frage, ob der Staat am Bosporus als islamischer Ballast oder notwendiger Partner betrachtet werden muss. Zum Ende werde ich meine eigene Position bezüglich des Beitritts der Türkei anhand meiner Recherchen, Argumenten und Gegenargumenten klären und sie begründen. Die notwendigen Informationen habe ich sowohl über Internet- als auch über Literaturquellen bezogen.

2.Rechte und Pflichten

Die Europäische Union ist ein Staatenverbund mit 27 Mitgliedsstaaten. Sie verfügt über einen eigenen europäischen Binnenmarkt und hält ihren offiziellen Namen seit dem Jahre 1993. Ihren Ursprung hat sie in den europäischen Wirtschaftsgemeinschaften EKGS (Europäische Gemeinschaft für Kohle und Stahl), EWG (Europäische Wirtschaftsgemeinschaft) und Euratom (Europäische Atomgemeinschaft). Um ihr beitreten zu können sehen sich Staaten gezwungen die Kopenhagener Kriterien zu erfüllen. Ein paar dieser Kriterien wären beispielsweise die Wahrung der Menschenrechte, die Rechtsstaatlichkeit, eine strukturierte Judikative und eine bestehende Marktwirtschaft. Beweggründe zum Eintreten wären u.A folgende: Viele Staaten erhalten durch den Beitritt Fördergelder, um ihre Wirtschaft etc.

aufrechtzuerhalten erhalten. Außerdem dürfen die Bürger innerhalb der Union ohne Visa reisen, arbeiten, und Immobilien kaufen. Zudem herrscht in Europa aufgrund des Binnenmarktes der Europäischen Union ein zollfreier Warenverkehr. Während Industrieländer wie Deutschland, Frankreich und Belgien von diesem zollfreien Verkauf profitieren, beziehen weniger entwickelte Länder wie Rumänien ihre Vorteile durch die finanzielle Unterstützung z.b zum Ausbau der Infrastruktur, zum Bau neuer Fabriken oder Kraftwerken. Zurzeit erfüllt die Türkei zwar einen Teil der Kriterien, weist aber dennoch Mängel in der Wahrung der Menschenrechte, insbesondere der Pressefreiheit und dem Schutz von Minderheiten auf. Dadurch, dass das Türkische Parlament das Ankara-Protokoll nicht ratifiziert, erkennt die Türkei noch immer die Republik Zypern (die seit 2004 Mitglied der EU ist) als solche nicht an. Dies sei aber eine Grundvoraussetzung, wie Dieter Sauter in einem Artikel für die Onlineausgabe der Wochenzeitung festhält.[1] Dieses Zusatzprotokoll beschließt eine Erweiterung der Zollunion mit den zehn neuen EU-Mitgliedsstaaten von 2004. Ankara erlaubt aber zypriotischen Schiffen weder an türkischen Häfen anzulegen, noch Flugzeugen auf ihren Flughäfen landen zu lassen. Ihr Verhalten begründet die Regierung damit, dass auch der nördliche Teil der Mittelmeerinsel nur von der Türkei anerkannt wird und Europa durch ein Handelsembargo die Türkische Republik Nordzypern isoliert. Da die Regierung das besagte Abkommen bis zum EU-Gipfel im Dezember 2006 nicht ratifizierte, beschloss der europäische Rat die Stilllegung von acht Kapiteln der Beitrittsverhandlungen. Fünf weitere Kapitel werden seit Amtsantritt von Nicolas Sarkozy von Frankreich und acht weitere von Zypern blockiert. Somit ist es nicht verwunderlich, dass lediglich das Kapitel "Wissenschaft und Forschung" einen erfolgreichen Abschluss fand. Experten schließen einen EU-Beitritt innerhalb der nächsten 15 Jahre aus, sofern die Verhandlungen weiterhin in diesem Tempo voranschreiten und kein Kompromiss zum Zypernkonflikt gefunden wird.

3. Land und Leute

Die Türkei [*Türkiye Cumhuriyeti*] ist eine demokratische Republik mit 99% muslimischer Bevölkerung. Sie liegt sowohl in Asien, als auch in Europa und ist somit das einzige Land, welches geografisch gesehen durch zwei Kontinente verläuft. Die türkische Republik wurde am 29.10.1923 von Mustafa Kemal Atatürk gegründet, der auch erster Staatspräsident wurde. Sie entstand aus dem damaligen Osmanischen Reich. Die Hauptstadt wurde Ankara und das Hauptwirtschaftszentrum Istanbul. Seither gilt sie

---

[1] Dieter Sauter, http://www.woz.ch/artikel/2010/nr43/international/19971.html, Datum: 28.2.2011

als ein laizistisch geprägter Staat, der sich schon früh westlich orientierte. Das Militär verfügte jedoch im jungen Staat über einen großen Einfluss, was zur Folge hatte, dass die Regierung in den Jahren 1960 und 1980 geputscht wurde. Im Jahre 1961 wurde daraus folgend, der türkische Außenminister Fadin Rüstü Zorlu, der erste Ministerpräsident Adnan Menderes und viele weitere Politiker und Beamte verurteilt und gehängt - alle wegen des 'Versagens der Demokratie'. Die zweite Militärregierung entstand, aufgrund der bürgerkriegsähnlichen Umstände zwischen der links- und rechts orientierten jungen Bevölkerung. Das Kriegsrecht wurde vom damaligen Generalen und späterem Staatspräsidenten Kenan Evren 'zum Schutz des Staates und der Einheit der Nation' ausgerufen. Die türkische Innenpolitik wird seit den 90er Jahren als stabil eingestuft und die Türkei selbst ist heute militärisch als auch wirtschaftlich gesehen mit dem Westen eng verflochten. Seit 1952 ist sie sogar Mitgliedsstaat der „North Atlantic Treaty Organization" (kurz: NATO). Hierbei handelt es sich um ein Militärbündnis vieler Staaten Westeuropas, sowie Kanada und den USA. Aus wirtschaftlicher Perspektive betrachtet, besteht ein Abkommen zwischen der Türkei und der Europäischen Union, die sogenannte Zollunion aus dem Jahr 1996. Die türkische Botschaft in Berlin verkündete 2004, dass „Diese Zollunion […] die engste wirtschaftliche und politische Beziehung zwischen der EU und einem Nicht-Mitgliedsstaat [ist]."[2] Zudem ermöglicht dieses Abkommen den zollfreien Warenverkehr der EU-Staaten mit der Türkei. Sofern die Türkei der Europäischen Union beitreten würde, wäre sie mit rund 74 Millionen Einwohnern der Staat mit der zweitgrößten Bevölkerungsdichte nach Deutschland und mit der größten Landfläche. „Nach einer lang anhaltenden Krise steigt derzeit das Bruttoinlandsprodukt [...] stärker als in allen anderen Mitgliedsstaaten der OECD."[3] Ihre Volkswirtschaft steht an 17. Stelle weltweit (Stand 2010) und weist unter den 27 EU-Mitgliedsstaaten die sechst stärkste Wirtschaft auf.

3.1 Reformen

In diesem Teil meiner Arbeit befasse ich mich mit den türkischen Reformen. Hierbei werde ich zunächst auf die politischen Reformen bezüglich des Schutzes von Minderheiten, der Verfassung und des Bildungswesens eingehen um mich danach mit den wirtschaftlichen Reformen auseinanderzusetzen.

---

[2] Türkische Botschaft Berlin 2004,
http://www.ma-tax.de/A_H_P/listen/praef/Tuerkei/20040304_zollunion_EU_Tuerkei.pdf
Datum: 16.2.2011
[3] Dieter Sauter, http://www.woz.ch/artikel/2010/nr43/international/19971.html, Datum: 17.2.2011
OECD: Organisation für Wirtschaftliche Zusammenarbeit und Entwicklung.

Um den Beitritt zu verwirklichen sieht sich Ankara gezwungen, viele tiefgreifende Reformen durchzuführen. Folglich wurde das Bildungswesen grundlegend umstrukturiert. Olli Rehn, ehemaliger EU-Erweiterungskommissar bis zu dem Februar 2010 veröffentlichte in „Die Erweiterung Verstehen" [vgl. Literaturquellen], dass „Der Forschungs- und Entwicklungsetat erheblich aufgestockt [wurde] und zwar um fast das Fünffache gegenüber 2002."[4] Es wurden 15 neue Hochschulen eröffnet und drei Prozent des BIP werden fortan für „die Umsetzung des Aktionsplans Wissenschaft und Technologie finanziert."[5] Das Militär, welches noch 1980 die Regierung geputscht hatte und dessen Verfassung noch bis zum September 2010 in Kraft war, wurde stark entmachtet. Die Rechtsstaatlichkeit wurde verstärkt, „die Wirtschaft liberalisiert, der Minderheitenschutz Schritt für Schritt ausgebaut".[6] Der wohl wichtigste Schritt in Richtung EU war jedoch das Referendum im September 2010, bei dem votiert wurde, ob die Türkei einer Verfassungsreform unterliegen soll. Hierbei bekam das von der AKP, der islamisch-konservativen Regierungspartei vorgelegte Änderungspaket 58 % der Wählerstimmen bei einer Wahlbeteiligung von knapp 80 %. Dieses Änderungspaket lässt sich inhaltlich in vier große Bereiche einteilen. So betreffen die 27 geänderten Artikel Parteiverbote, eine Reform des Justizwesens, die Stellung des Militärs und sonstige Änderungsvorschläge wie z.B Datenschutz. Dennoch ist sich Brüssel sicher, dass die Reformgeschwindigkeit in der Türkei vehement abnahm und wichtige Schritte besonders noch beim Schutz von Minderheiten unternommen werden müssen. So wird gefordert, dass man den Schutz von Aleviten und anderen Minderheiten wie z.B der Kurden dringend rechtlich genauer festlegt. Der Anteil der Aleviten in der Türkei ist nicht offiziell klar, da die türkische Regierung in erster Linie die Aleviten nicht als Minderheit anerkennt und sie in zweiter Linie in die muslimische Bevölkerungsschicht mit den Sunniten und Siiten einordnet. Experten gehen von 20-30 % der Bevölkerung aus. Es wird vermutet, dass die alevitische Bevölkerung vor allem in Städten wie Sivas, Tunceli und Erzincan marginalisiert[7] wird. Damit die Türkei sich jedoch als Säkularstaat behaupten kann, ist es notwendig die Religionsfreiheit zu gewährleisten. Zusammenfassend zu den politischen Reformen lässt sich schließen, dass die Türkei zwar eine Menge Fortschritte in Richtung Demokratisierung, Rechtsstaatlichkeit und Bildungswesen aufweist, aber dennoch verpflichtet ist weitere tiefgreifende Reformen bezüglich des Schutzes der Minderheiten zu unternehmen. Im zweiten Teil meiner Recherche werde ich auf die wirtschaftlichen Reformen des Landes eingehen. Die Kopenhagener Kriterien verlangen, dass die Türkei über eine konkurrenzfähige

---

[4] Olli Rehn, http://ec.europa.eu/enlargement/pdf/publication/enl-understand_de.pdf, Datum: 28.2.2011
[5] Olli Rehn, ebd
[6] Welt.de, http://www.welt.de/politik/ausland/article6977592/Darum-gehoert-die-Tuerkei-in-die-EU-oder- nicht.html, Datum: 1.3.2011
[7] Marginalisiert: Gesellschaftsverdrängung von Bevölkerungsschichten, die meist in der Minderheit sind

Marktwirtschaft verfügen muss, die den Druck des europäischen Binnenmarktes Stand halten kann. Um dies zu realisieren, wurde die Wirtschaft enorm reformiert. Focus argumentiert mit einem Artikel aus dem englischen Wirtschaftsblatt, dass es Jahrzehnte dauern würde das Image eines Landes zu verbessern. „Die Türkei [habe] es in weniger als zehn Jahren geschafft."[8] Dies gelang ihr vor allem durch die Wirtschaftsreform im Jahr 2001. In jenem Jahr stürzte das Land am Bosporus in ein Wirtschaftstief, ausgelöst durch eine Währungs- und Bankenkrise. Eine Jahrhundertreform wurde eingeleitet, bei der der Staat, die Unternehmen und die Haushalte sich gezwungen sahen in allen Belangen zu sparen. Dies gelang ihr mit Erfolg. Die Inflationsrate die 1994 noch 120 % betrug, ging stetig zurück und liegt aktuell unter 10 %. Am 1. Januar 2005 wurde eine Währungsreform umgesetzt und die Türkische Lire verlor sechs ihrer Nullen. Mark Mobius, renommierter Fondsmanager erwähnte in einem Artikel vom Focus am neunten November 2010, dass die „Gesamtverschuldung [...] von 73 Prozent im Jahr 2002 auf weniger als 45 Prozent gefallen [sei]." Mittlerweile weist der ehemals „Kranke Mann am Bosporus" das stärkste Wirtschaftswachstum Europas auf und kann zu Recht als „Das China Europas" bezeichnet werden. Nachdem ich mich eingehend sowohl mit den politischen als auch wirtschaftlichen Reformen befasst habe, lässt sich schließen, dass sich die Türkei im Bereich des Minderheitenschutzes und der Wahrung der Menschenrechte bezüglich der Religions- und Meinungsfreiheit erheblich sublimieren muss. Ihre wirtschaftliche Umstrukturierung hingegen ist hervorragend vorangeschritten, welche sich einerseits durch die Währungsreform 2005 andererseits durch das Sparverhalten des Staates, der Unternehmen und der Haushalte erklären lässt. Dennoch sind in diesem Bereich die Senkung der Arbeitslosenrate und die Angleichung des Ostens an den Westen der Türkei Pflicht.

4. Analyse der deutschen Position hinsichtlich einer EU-Erweiterung um die Türkei

Im folgendem werde ich die deutschen Position im Bezug auf die Bestrebungen der Türkei eine Vollmitgliedschaft der EU zu erlangen analysieren.

Die deutsche Position hinsichtlich einer EU-Erweiterung um die Türkei befindet sich im Zwiespalt. Parteien wie die SPD und Die Linke sind klare Befürworter für das Mitglied Türkei. Während die christlich-konservativen Parteien (CDU, CSU) gegen einen Beitritt sind. Das Bündnis 90/die Grünen und die FDP können ernsthafte Verhandlungen in Erwägung ziehen, sofern der Reformprozess in der Türkei es zulässt. Mit der CDU

---

[8] Mika Hoffmann, http://www.focus.de/finanzen/news/konjunktur/tid-20353/tuerkei-das-china-europas_aid_569153.html, Datum: 2.3.11

als stärkste Partei im Parlament und Angela Merkel als Bundeskanzlerin wird der türkische Beitritt jedoch vehement verneint und nur eine 'privilegierte Partnerschaft' in Aussicht gestellt. Dies war zu Zeiten Gerhard Schröders als Bundeskanzler anders. Er war eindeutiger Befürworter der Vollmitgliedschaft von Ankara, und ist der Meinung, dass eine sog. 'privilegierte Partnerschaft' gar nicht in Frage kommen darf und sich Deutschland auch aus Eigeninteresse für einen Beitritt aussprechen sollte. Um dies zu bekräftigen sagte er der Süddeutschen Zeitung gegenüber, dass die Türkei jetzt schon „zu den 20 größten Volkswirtschaften der Welt [gehört und sie wirtschaftlich] weitaus stärker [ist] als etwa die EU-Mitglieder Schweden, Polen oder Belgien."[9]Das wirtschaftliche Tempo sei rasant. Die schwarz-gelbe Koalition fokussiere ihre Außenpolitik nicht strategisch genug und richte sich zu sehr nach innenpolitischen Angelegenheiten. Laut Sigmar Gabriel mache Merkel „Ideologie statt Politik. Sie opfert die wirtschaftlichen Interessen Deutschlands in den deutsch-türkischen Beziehungen"[10], nur um innenpolitisch Wahlkampf zu betreiben. Ebenso kritisierte der Englische Premier David Cameron insbesondere das Verhalten Deutschlands und Frankreichs. Diese beiden Länder sehen seiner Meinung nach die islamischen Werte nicht mit Europa vereinbar. Der Islam werde gefürchtet und die Mitgliedschaft durch Vorurteile gezielt verhindert. Stoiber und Merkel verfolgen aber dennoch ihre Politik, die sie schon beim Amtsantritt ansprachen. Die Türkei dürfe nicht Vollmitglied werden, da sie mit ihrer Größe, ihrer unstrukturierten Judikative und mit den Menschenrechtsverletzungen Europa nur überfordern würde. Daher sprechen sie sich für eine Partnerschaft aus, die aber seitens Ankara ausdrücklich abgelehnt wird, da ihr schon unter Amtszeiten Konrad Adenauers versprochen wurde, Vollmitglied zu werden. Des Weiteren wird vermutet, dass die Migrationsländer wie Frankreich, Deutschland, Österreich und Niederlande gegen einen Beitritt sind um neue Migrationswellen der türkischen Arbeitnehmer zu verhindern. Bundespräsident Christian Wulff sprach in seiner Amtsantrittsrede davon, dass auch der Islam zu Deutschland gehöre, genauso wie das Judentum, das Christentum und jede andere Religion auf der Welt. Er spricht sich für offene Verhandlungen aus, ist aber persönlich gegen einen Beitritt. Weitere Beweggründe seitens Deutschlands gegen den Beitritt der Türkei sind folgende: Die BRD, welche mit 82 Millionen Einwohnern das bevölkerungsreichste Land der Union ist, würde aufgrund der Größe der Türkei enorm am Einfluss internationaler Angelegenheiten verlieren. Tendenzen ergeben, dass die türkische Population im Jahr 2025 die deutsche überholen würde und sie somit das Land mit dem größten Stimmrecht wäre. Abgesehen vom Machtverlust spielen aus deutscher Perspektive auch

---

[9] Gerhard Schröder, http://www.sueddeutsche.de/politik/debatte-ueber-eu-beitritt-schroeder-attackiert-merkels-tuerkeipolitik-1.14160, Datum: 17.3.2011

[10] Sigmar Gabriel, http://www.sueddeutsche.de/politik/debatte-ueber-eu-beitritt-schroeder-attackiert-merkels-tuerkeipolitik-1.14160, Datum: 17.3.2011

die Fördergelder für die Türkei eine sehr wichtige Rolle. Denn mit dem Mitglied Ankara werden der Türkei Gelder in Milliardenhöhe zur Verfügung gestellt, um ihre Infrastruktur auszubauen, den wirtschaftlich sehr schwachen Osten des Landes an den Westen anzugleichen und neue Handelswege zu schaffen. Da jedoch Deutschland die stärkste Wirtschaftskraft Europas aufweist, wäre sie somit ähnlich wie beim drohenden Staatsbankrott Griechenlands 2010 der größte Geldgeber.

Im großen und Ganzen lässt sich die verneinende deutsche Position bezüglich der Mitgliedschaft der Türkei durch drei wesentliche Aspekte erklären. Diese wären der Machtverlust innerhalb der Europäischen Union durch die Aufnahme eines so großen Staates, die zusätzliche finanzielle Belastung durch die Fördergelder und die Furcht vor neuen Migrationswellen.

5. Türkei - ein notwendiger Partner oder islamischer Ballast?

Im folgenden Abschnitt werde ich mich mit der Frage auseinandersetzen, ob die Türkei ein für Deutschland notwendiger Partner ist oder nicht. Um diese Frage erläutern zu können, ist es freilich wichtig, sowohl die wirtschaftlichen als auch die politischen Beziehungen in Betracht zu ziehen. Wirtschaftlich gesehen ist die BRD mit acht Milliarden US-Dollar der größte Investor und somit auch der wichtigste Handelspartner der Türkei seit dem Jahre 1980. So publizierte das Auswärtige Amt im November 2010, dass die Anzahl deutscher Unternehmen, bzw. Unternehmen mit deutschem Kapital in der Türkei auf 4300 gestiegen ist. Die Importe Deutschlands aus der Türkei sind ebenso erwähnenswert, wie die Exporte in die Türkei. Um dies zu verdeutlichen, ein Beispiel: Deutschland importierte im Jahr 2008 „seinerseits Waren und Dienstleistungen im Wert von rund 10 Milliarden Euro."[11] Zukünftig betrachtet wird die Türkei spätestens 2015 mit der Fertigstellung der Nabucco Pipeline enorm an Bedeutung für Europa zunehmen. Diese Pipeline bildet dann eine „neue Gasbrücke zwischen Asien und Europa und gilt als Vorzeigeprojekt im südlichen Korridor."[12] Somit wäre die BRD nicht mehr von dem russischen Gasgiganten "Gazprom" abhängig. Durch ihre günstige Lage im nahen Osten, welche als Energieversorgung der Welt gilt, kann Ankara abgesehen von der Nabucco Pipeline als Öl und Gaslieferant der EU fungieren. Darüber hinaus steigt das türkische BIP stärker als in allen anderen Staaten Europas. Dies macht den türkischen EU-Beitritt besonders attraktiv, da sie auf längere Zeit gesehen den europäischen Binnenmarkt stärken würde. Mit dem jüngsten Durchschnittsalter von 28 Jahren und

---

[11] Matthias Kaufmann, http://www.manager-magazin.de/unternehmen/artikel/0,2828,686306,00.html
Datum: 17.2.2011
[12] nabucco-pipeline.com, http://www.nabucco-pipeline.com/portal/page/portal/de/Home/the_project,
Datum: 19.2.2011

einem Zuwachs von rund 430 000 Studenten jährlich könnte die Türkei in geraumer Zeit junge und gebildete Arbeitnehmer mit sich bringen, sofern sie sich an den europäischen Arbeitsmarkt angepasst haben. Jedoch sind all die oben genannten Argumente der Türkei-Befürworter auch mit Gegenargumenten zu betrachten. Folglich wird behauptet, dass gegenwärtig und mit Blick auf die nahe Zukunft gesehen, die Türkei eine Welle von zu wenig „qualifizierter und nur mäßig integrierbarer Arbeitskräfte"[13] vor sich her schwemmt. Zur geografischen Lage der Türkei wird gesagt, dass sie zwar an das energiereichste Gebiet der Welt grenzt, aber auch an das Gebiet mit potenziellen und aktuellen Konfliktzonen. Die EU wäre mit einem Beitritt der Türkei somit direkter Nachbar von Staaten wie dem Irak, Syrien und z.B dem Iran, die am Bau von Atomwaffen arbeiten. Des Weiteren wird argumentiert, dass trotz des wirtschaftlichen Aufschwungs der Türkei, die Union aufgrund der Größe des Landes eine enorme Masse an Fördergeldern aufbringen müsste um den wirtschaftlich schwachen Osten an den westlichen Standard anzugleichen.

In der Politik wird der mögliche Beitritt der Türkei ebenso kritisch betrachtet. Einerseits erhoffen sich Türkei-Sympathisanten, dass „mit dem Mitglied Türkei"[14] im Zeitalter der Revolutionen der arabischen Länder eine 'Brücke zur islamischen Welt` geschaffen wird. Dadurch, dass Sie seit 1923 ein laizistischer Staat ist, könnte sie dem nahen Osten als Vorzeigemodell für eine Regierungsform dienen. Andererseits sind Kritiker der Meinung, dass dies bloße Spekulationen sind. Sie bekräftigen dies damit, dass arabische Staaten die Türkei nicht als Vorzeigemodell sehen, da sie zum Einen sehr westlich orientiert sei und zum Anderen, sie ein Militärbündnis mit Israel habe, welches Israel gestattet auf türkischem Boden Manöver durchzuführen. Dies macht sie in dem arabisch-persischem Gebiet sehr unbeliebt. Erst seit der Regierung Erdogans ist eine Annäherung der Türkei an islamische Länder erkennbar. So wurden beispielsweise wieder diplomatische und wirtschaftliche Beziehungen zu Teheran aufgenommen. Zwar gilt die Union nicht als ein Staatenbund, wovon nur christliche Staaten profitieren können, dennoch war in ihrer Geschichte bisher noch kein muslimisches Land Mitglied. Ob die Türkei vielleicht als islamischer Ballast betrachtet wird? Die konservative CDU mit Angela Merkel ist der Meinung, dass der Staat am Bosporus sich nicht mehr als eine 'privilegierte Partnerschaft' mit Brüssel erhoffen könne. Sie erklärten, es habe nichts damit zu tun, dass die Türkei muslimisch sei. Es ginge viel mehr darum, dass sie nicht rechtsstaatlich sei, sie nicht die Rechte der Frauen berücksichtige, die Pressefreiheit nicht gewährleiste, den Schutz von Minderheiten außer Acht lasse, sowie europäische Mitgliedsstaaten nicht anerkenne. Oppositionelle Meinungen kritisieren, dass diese

---

[13] Wilhelm Hankel, http://www.bpb.de/themen/CY2QVI,0,0,EU_und_T%FCrkei_geh %F6ren_nicht_zusammen.html, Datum: 17.02.2011

[14] Eckard D. Stratenschulte, Die Türkei und Europa (Seite 7), Erscheinungsdatum: 18.11.2008, Bonn

Forderungen auch von den neulich beigetretenen Ländern wie Bulgarien und Rumänien nicht abverlangt wurden. Die Morgenpost schreibt, dass „Rumänien und Bulgarien [...] 2007 trotz Zweifeln an ihrer Beitrittsreife Mitglieder der EU [wurden]"[15] Ihre Aufnahmebedingungen, waren klar vorgegeben: Eindämmung organisierter Korruption und Kriminalität. Hierbei sind zwar Fortschritte zu erkennen, die jedoch nicht den EU-Standards entsprechen. Zum Zypernkonflikt argumentierte der türkische Europaminister Egemen Bagis, dass der Konflikt auch bei den Beitrittsverhandlungen mit der Republik Zypern im Jahre 2004 keine Rolle spielte und Nordzypern noch immer von Europa nicht anerkannt wird.

Als europäischer Freund der Türkei gilt England. Folglich forderte David Cameron, Premierminister des Landes, den türkischen Beitritt so schnell wie möglich. Seines Erachtens sei Europa ohne die Türkei „nicht stärker, sondern schwächer, nicht mehr, sondern weniger sicher, nicht reicher, sondern ärmer. [...]. Unter Verweis auf die türkischen Leistungen als Nato-Partnerin und Verbündete in Afghanistan sagte er, es sei schlicht „Unrecht" zu sagen, die Türkei „darf das Lager bewachen, aber nicht im Zelt sitzen".[16] Darüber hinaus würde die EU mit der Türkei als Mitglied weltpolitisch mehr Gewicht bekommen, da die Türkei zum Einen Mitglied der Nato ist und zum Anderen aufgrund ihrer militärischen Stärke und ihrer Population von rund 74 Millionen Einwohnern die Sicherheit im Krisengebiet des Nahen Ostens stärkt. Des Weiteren hängt die Sicherheit Europas stärker mit dem Beitritt der Türkei zusammen als von Kritikern behauptet. Denn durch dieses Militärbündnis mit Israel, welches ich obigen Teil erwähnte, verschafft Ankara Israel militärische Unterstützung. Diese Bündnis ist daher wichtig, da die europäische Sicherheit indirekt mit der Sicherheit Israels zusammenhängt. So erwähnte Frank Walter Steinmeier gegenüber dem auswärtigem Amt, dass Deutschland aufgrund des Holocausts für das Existenzrecht Israels in gesicherten Grenzen kämpfen müsse. Zudem habe er gesagt, dass die BRD sich verpflichtet sehe, „sich um Frieden und Stabilität in der Region insgesamt zu kümmern."[17]

Alles in Allem lässt sich nach eingehender Bearbeitung folgendes sagen: Wirtschaftlich betrachtet ist die BRD der wichtigste Handelspartner der Türkei. Folglich sieht auch Deutschland Vorteile ihrer sehr stark wachsenden Wirtschaft, was sich mit dem Import von Waren und Dienstleistungen im Wert von 10 Milliarden Euro jährlich belegen lässt. Ihre geostrategische Lage wird einerseits positiv, andererseits negativ betrachtet. Positiv,

---

[15] Morgenpost, http://www.morgenpost.de/printarchiv/politik/article1550077/EU-Neulinge-schlecht-im-Kampf-gegen-Korruption.html, Datum: 1.3.2010
[16] Matthias Thibaut, http://www.tagesspiegel.de/politik/cameron-wirft-deutschland-doppelmoral-vor/1892012.html, Datum: 7.3.2010
[17] Frank Walter Steinmeier, http://www.auswaertiges-amt.de/DE/Aussenpolitik/RegionaleSchwerpunkte/NaherMittlererOsten/AktuelleArtikel/080617-eu-isr-dialog-steinmeier_node.html Datum: 18.3.2011

weil die Türkei im Laufe der Jahre als Energieversorger von Europa und somit auch Deutschlands werden kann. Negativ, weil durch den Beitritt Europa an das Krisengebiet Iran, Syrien und Irak grenzen würde. Die Größe des Landes im Bezug auf die Einwohnerzahl könnte eine neue "legale" Migrationswelle von Arbeitnehmern mit sich bringen, die die europäische, besonders die deutsche Integrationspolitik, zunehmend fordern und strapazieren könnte. Dies und weitere Gründe bewegt die CDU und ihre Schwesterpartei CSU zu einer Politik die, das Ziel einer 'privilegierten Partnerschaft' verfolgt, die jedoch von Ankara abgelehnt wird.

6. Fazit

Nachdem ich mich eingehend mit meiner Themenfrage befasst habe, werde ich nun zusammenfassend anhand meiner Recherchen, den Argumenten und Gegenargumenten meine eigene Position formulieren und ein Fazit des vorgelegten Elaborats ziehen.

Die Türkei ist ein Land, welches schon seit 50 Jahren Anstrengungen unternimmt um zur der Europäischen Union dazu zugehören. Gründe wie mangelnde Religionsfreiheit, Menschenrechtsverletzungen, Pressefreiheit, die Zypernfrage und Marginalisierung wie z.B der Aleviten sind meines Erachtens nur Ausreden und Vorwände, die schon wie von Cameron behauptet, von Vorurteilen geprägt sind und nur die Angst gegenüber dem Islam in Europa verbergen sollen. Denn wenn man sich nach Religionsfreiheit richtet, so hätte Europa stärker gegen das Minarettverbot der Schweiz klagen müssen. Wenn es um den Schutz von Minderheiten geht oder Hierarchiebildung in der türkischen Gesellschaft, so könnte man die Hartz VI Gesetze Deutschlands stärker kritisieren und reformieren, weil auch diese Gesetze sozial Schwächere ins gesellschaftliche Abseits drängen. Wenn es um Menschenrechtsverletzungen geht, so könnte man auch gegen Frankreichs Abschiebung tausender Roma 2010 klagen. Wenn es um Pressefreiheit geht, könnte man die nationalistische Regierung Ungarns härter sanktionieren. Wenn es um die Zypernfrage geht, so hätte man die Vereinigung der Insel schon bei dem Beitritt Zyperns 2004 fordern müssen und nicht erst bei den Beitrittverhandlungen der Türkei 2005. Geht die Europäische Union dagegen vor? Nein! All diese oben genannten Beispiele werden schlicht und ergreifend verdrängt. Der türkische Beitritt wird gezielt erschwert, welches sich damit belegen lässt, dass die Türkei das einzige Land ist, das drei Hürden zu überwinden hat, ehe sie die Vollmitgliedschaft erlangt. Diese Hürden sind zum Einen, dass der Beitritt nach Erfüllung der Kriterien in jedem Mitgliedsstaat per Referendum oder Parlamentsentscheid bewilligt werden muss. Scheitert die Bewilligung in einem Land, scheitert der Beitritt der Türkei. Die zweite Hürde ist, dass bei mangelnden Reformen im Bezug auf die Menschenrechte, Religionsfreiheit etc. die gesamten Verhandlungen mit sofortiger Wirkung abgebrochen werden. Die letzte Hürde

ist, dass auch die Aufnahmefähigkeit der EU eine Rolle bei den Verhandlungen spielt, abgesehen davon, ob die Türkei nun die Kriterien erfüllt oder nicht. Die Vorteile werden nur gemäßigt angesprochen, gar ignoriert. So ist es hier noch einmal erwähnenswert, dass der Türkische Beitritt in geraumer Zeit den europäischen Binnenmarkt stärken würde, sie später aufgrund ihrer geografischen Lage als Vermittler zwischen dem Krisengebiet des Kaukasus fungieren kann und auch Energielieferant Europas werden könnte. Der erste Schritt hierfür ist wie schon im obigen Teil meiner Arbeit erwähnt mit dem Bau der Nabucco Pipeline gemacht. Daher bin ich der Meinung, dass ein türkischer Beitritt zu begrüßen wäre. Wenn Europa ein Land mit größtenteils islamischer Bevölkerung aufnehmen würde, könnte sie der Welt zeigen, dass sie kein Staatenbund christlicher Nationen ist. Darüber hinaus ist der türkische Beitritt meiner Meinung nach, für Europa sehr wichtig und so schnell wie möglich durchzuführen, da die Türkei sich ihrer stark wachsenden Wirtschaft, ihrer wachsenden Bevölkerungszahl und ihrer enorm wichtigen geostrategischen Lage bewusst ist und sich genauso gut von Europa abwenden kann und Bündnisse mit den energiereichen Ländern, wie dem Irak, Iran, Syrien, Afghanistan und Pakistan schließen kann. Dies könnte für Europa fatale Folgen haben. Sowohl wirtschaftliche aufgrund der Zollunion, welches sich mit den rund 4300 deutschen Unternehmen in der Türkei bekräftigen lässt, aber auch militärische, sofern der Türkei beispielsweise das Rohöl Irans wichtiger erscheint als ihre Nato-Mitgliedschaft.

Ende

Quellenverzeichnis

1.Sigmar Gabriel,

http://www.sueddeutsche.de/politik/debatte-ueber-eu-beitritt-schroeder-attackiert-merkels-tuerkeipolitik-1.14160, Datum: 17.3.2011

2.Wilhelm Hankel,

http://www.bpb.de/themen/CY2QVI,0,0,EU_und_T%FCrkei_geh

%F6ren_nicht_zusammen.html, Datum: 17.2.2011

3.Mika Hoffmann,

http://www.focus.de/finanzen/news/konjunktur/tid-20353/tuerkei-das-china-europas_aid_569153.html, Datum: 2.3.11

4.Matthias Kaufmann,

http://www.managermagazin.de/unternehmen/artikel/0,2828,686306,00.html Datum: 17.2.2011

5. Mark Mobius,

http://www.focus.de/finanzen/news/konjunktur/tid-20353/tuerkei-das-china-europas_aid_569153.html, Datum: 2.3.11

6. Morgenpost,

http://www.morgenpost.de/printarchiv/politik/article1550077/EU-Neulinge-schlecht-im-Kampf-gegen-Korruption.html,

Datum: 1.3.2010

7. nabucco-pipeline.com,

http://www.nabucco-pipeline.com/portal/page/portal/de/Home/the_project,

Datum: 19.2.2011

8. Olli Rehn,

http://ec.europa.eu/enlargement/pdf/publication/enl-understand_de.pdf,

Datum: 28.2.2011

9. Dieter Sauter,

http://www.woz.ch/artikel/2010/nr43/international/19971.html,

Datum: 17.2.2011

10. Gerhard Schröder,

http://www.sueddeutsche.de/politik/debatte-ueber-eu-beitritt-schroeder-attackiert-merkels-tuerkeipolitik-1.14160, Datum: 17.3.2011

11. Frank Walter Steinmeier,

http://www.auswaertiges-amt.de/DE/Aussenpolitik/RegionaleSchwerpunkte/NaherMittlererOsten/Aktuell

eArtikel/080617-eu-isr-dialog-steinmeier_node.html

12. Eckard D. Stratenschulte,

Die Türkei und Europa (Seite 7),

Erscheinungsdatum: 18.11.2008, Bonn

13. Türkische Botschaft Berlin 2004,

http://www.matax.de/A_H_P/listen/praef/Tuerkei/20040304_zollunion_EU_Tue

rkei.pdf

14. Welt.de,

http://www.welt.de/politik/ausland/article6977592/Darum-gehoert-die-Tuerkei-
in-die-EU-oder-nicht.html,

Datum: 1.3.2011

Literaturquellen

1.Claus Leggewie, Die Türkei und Europa, 2004, ISBN 3-518-12354-8

2.Olli Rehn, Die Erweiterung Verstehen, ISBN 978-92-79-06633-7

3.Eckard D. Stratenschulte, Die Türkei und Europa, Erscheinungsdatum: 18.11.2008,
Bonn